W0060214

Winterbilder mit
Window Color

Mit den schönsten Weihnachtsmotiven

Inhalt

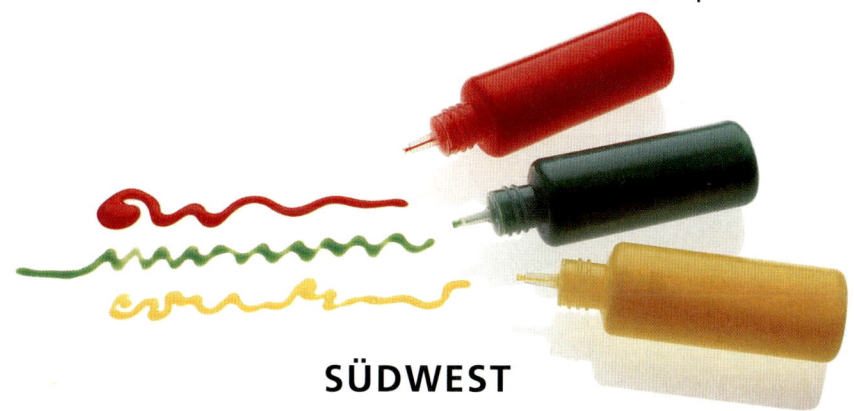

SÜDWEST

Ein ganz besonderer Morgen

Eichhörnchen halten im Winter keinen Winterschlaf. An sehr kalten Tagen ziehen sie sich in ihren Bau zurück, an wärmeren Tagen kommen sie jedoch heraus und suchen Nahrung. Der Igel dagegen rollt sich im Winter in seinem Bau zu einer Kugel zusammen und schläft, bis der Frühling kommt.

Wenn du einmal eine Schneeflocke auf blauem Papier auffängst und unter einem Mikroskop betrachtest, wirst du viele Schneekristalle erkennen. Jeder Kristall ist wie ein Stern aufgebaut. Aber keiner gleicht dem anderen. Doch haben alle eine sechseckige Struktur.

Früh am Morgen, nachdem es aufgewacht war, räkelte sich das junge Eichhörnchen in seinem Nest in der Baumhöhle. Sein Körper war noch ganz warm vom Schlaf. Seine Geschwisterchen und seine Mutter schliefen noch tief und fest. Das kleine Eichhörnchen streckte seine Glieder und kroch zum Eingang der Höhle. Da merkte es gleich, dass dies ein besonderer Morgen war. Es schnupperte. Etwas hatte sich verändert. Schnell sprang es aus der elterlichen Baumhöhle. Da staunte das Eichhörnchen nicht schlecht: Es fielen weiße Federn vom Himmel. Die Bäume waren mit einer dicken Schicht, ähnlich wie Moos, bedeckt, nur dass sie weiß war. Und auf der Erde war säuberlich eine weiße Decke ausgebreitet. Rundherum war alles so still. »Warum schläft Mutter Erde noch?«, fragte sich das Eichhörnchen. »Warum zwitschern die Vögel nicht? Warum ist die Sonne denn so rot? Hat sie keine Kraft mehr, Mutter Erde zu wecken? Warum bläst der Wind feinsten Diamantstaub durch die Lüfte, der die Tannen mit glitzernden Perlen schmückt? Was

sind das für spiegelnde Kerzen, die kopfüber an den Ästen hängen? Wo ist mein Freund, der Igel? Was ist denn nur passiert?« Fragen über Fragen. Aufgeregt sprang es zurück in die Baumhöhle und weckte seine Geschwister und seine Mutter. Es erzählte ihnen von der schlafenden Erde, der kraftlosen Sonne und dem glänzenden Diamantstaub, der alles bedeckte. »Schau,« sagte da Mama Eichhörnchen und drückte ihren Sprössling fest an ihre Brust. »König Winter ist mit seiner ganzen Macht und Pracht zurückgekehrt. Er sorgt dafür, dass Mutter Erde auch einmal so richtig ausschlafen und sich wohlverdient erholen kann.« Was für ein Zauberer muss wohl König Winter sein, dachte da das junge Eichhörnchen und konnte immer noch nicht ganz fassen, welche Schönheit es da sah.

Nachdem die Familie gefrühstückt hatte, machte sich das kleine Eichhörnchen mit seinen Geschwistern zurecht und ging nach draußen. Dort tollten die Eichhörnchenkinder im Schnee herum und spielten in der weißen Pracht des Winters.

Faszinierende Lichtspiele

Mit Window Color lässt sich ein einfaches Fenster in fröhlichen bunten Farben gestalten. Die Technik ist einfach – auch Anfängern gelingen leicht kleine Kunstwerke. Alles, was man für die farbenfrohen Bilder benötigt, sind Folien als Malgrund, Konturenfarbe als Trennmittel, Malfarben in verschiedenen Farbtönen und natürlich etwas Zeit. So entstehen mit wenig Aufwand die schönsten Fensterbilder, die man nach dem Ablösen überall auf glatten Flächen anbringen kann. Je nach Beschaffenheit des Untergrunds ergeben sich die unterschiedlichsten farbigen Effekte. Doch die schönsten Lichtspiele erhält man am Fenster. Die Leuchtkraft der transparent auftrocknenden Farben ist enorm. Auch wenn du zum ersten Mal ein Fensterbild anfertigst, wirst du schnell feststellen, wie viel Spaß das Malen und Dekorieren macht.

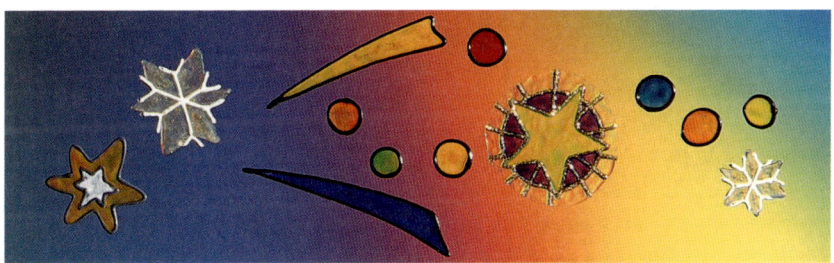

Farbenfroh in den Winter

Die einzelnen Motive dieses Buchs sind einfach und leicht nachzuzeichnen. Eine praxisnahe Einführung über die Grundtechnik von Window Color erhältst du Schritt für Schritt auf den nächsten Seiten. Danach kannst du aus einer reichhaltigen Palette von Motiven und Vorlagen dein ganz persönliches Bild zusammenstellen. Die leicht verständlichen Anleitungen informieren dich gründlich: angefangen bei den Vorbereitungen bis hin zum fertigen Bild. Darüber hinaus erhältst du viele Tipps über Dekorationsmöglichkeiten oder neue Bildkompositionen. Denn alle in diesem Buch vorgestellten Motive können untereinander ausgetauscht oder miteinander kombiniert werden. Auf diese Weise kannst du dein Fenster nach Lust und Laune und natürlich nach deinem persönlichen Geschmack gestalten und so den Winter mit farbenfrohen Bildmotiven begrüßen (siehe dazu auch Seite 30 und 31).

Bauernregeln

Der Frost soll im Dezember klirren, dann macht der Sommer keine Wirren.

Ist der Dezember mild mit Regen, dann hat das nächste Jahr wenig Segen.

Donnert's im Dezember gar, bringt viel Wind das nächste Jahr.

Ist die Christnacht hell und klar, folgt ein höchst gesegnet Jahr.

Ist's zur Weihnacht warm und lind, kommt zu Ostern Schnee und Wind.

Die Grundtechnik

Material

Window Color
Konturenfarbe

Window Color
Malfarben (in den Mate-
riallisten steht »gE« je-
weils für »glatter Effekt«

Window Color
Malfolien transparent
DIN A3 für große Motive,
für kleinere Motive
einfache Klarsichthüllen

Klebeband; Küchenkrepp;
Holzstäbchen
mit Spitze

Hilfsmittel

Transparentpapier
Bleistift; Wattestäbchen
Lange Nähnadel; leerer
Joghurtbecher; Schere

Mit Window Color zu malen ist einfach. Es gibt aber auch bei einfachen Maltechniken hilfreiche Tipps und Tricks. Wenn man sich gewisse Grundkenntnisse aneignet, geht alles gleich viel leichter von der Hand. Auf dieser Doppelseite kannst du lesen, welche Vorbereitungen man treffen muss, wie man ein Bild ausarbeitet und wie man es schließlich fertig stellt.

1 Du kannst jedes Motiv auf Transparentpapier abpausen. Das hat den Vorteil, dass du den Vorlagenbogen schonst. Alternativ kannst du auch den Vorlagenbogen so falten, dass nur das gewünschte Motiv vor dir liegt. Lege dann die Folie darüber und fixiere sie mit Klebebandstreifen. Diese Technik kann man bei größeren Motiven anwenden. Kleinere Motive paust du am besten auf ein DIN-A4-Blatt Transparentpapier ab und steckst dieses in eine Klarsichthülle. So kann die Vorlage ebenfalls nicht verrutschen. Außerdem hast du die Möglichkeit, das Motiv seitenrichtig oder seitenverkehrt auf die Folie aufzubringen. Kleine Einzelmotive, die du mehrfach brauchst, kannst du entsprechend oft abpausen. Du kannst aber auch die Vorlage nach jedem Konturenauftrag verschieben, um das Motiv erneut auf Folie aufzutragen.

2 Bevor du mit dem Konturenauftrag beginnst, hältst du die Flasche kopfüber und lässt die Farbe völlig zur Tüllenspitze laufen. Probiere dann den Farbfluss zuerst auf Küchenkrepp aus, denn es kann durchaus vorkommen, dass mehrere Luftbläschen den Farbfluss am Anfang unterbrechen. Ziehe anschließend die Konturen: Führe die Flasche mit gleichmäßigem Druck und halte dabei etwa 1 cm Abstand zur Folie. Lege also den Farbstrang frei auf, direkt entlang der Vorlagenlinie. Bevor du mit einer neuen Linie beginnst, säuberst du die Tüllenspitze nochmals mit Küchenkrepp. Auf diese Weise kannst du auch vorgehen, wenn die Linie durch eine Luftblase unterbrochen wird. Zu dick geratene Linien kann man mit der Spitze eines Holzstäbchens leicht korrigieren, indem man vorsichtig etwas aufgebrachte Farbe wieder abhebt.

Verwischte Farben säuberst du mit Wattestäbchen. Gebrauchte Stäbchen wirfst du entweder sofort weg oder stellst sie in einen leeren Joghurtbecher.

Der Farbauftrag

Damit du die Motive später gut von der Folie abziehen und am Fenster dekorieren kannst, ist bei dieser Technik der Farbauftrag besonders wichtig. Die Farbflächen müssen immer geschlossen und dick genug aufgetragen sein, sonst kann das Motiv beim Ablösen einreißen. Farbige Schattierungen machen dein Bild natürlicher und lebendiger.

1 Bei einigen Motivvorlagen werden kleinere Flächen wie Pupille, Nase oder Knöpfe ausgemalt. Male diese Flächen gleich mit schwarzer Konturenfarbe aus. Überprüfe dann noch, ob du alle Konturen gezogen hast, und lasse den Konturenauftrag anschließend fünf bis sechs Stunden trocknen.

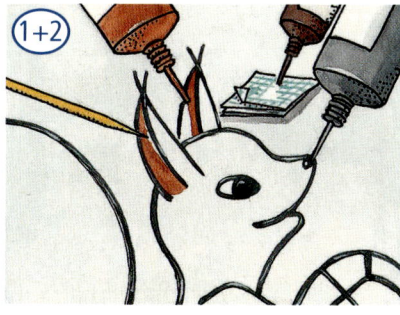

2 Beim Aufbringen einer Malfarbe verfährst du genauso wie beim Konturenauftrag: Zuerst den Farbfluss auf Küchenkrepp überprüfen. Danach die einzelnen Motivflächen der Anleitung entsprechend ausmalen und dabei die Farbe dick auftragen. Achte auch darauf, dass die Farbe mit der Konturlinie in Berührung kommt und mit ihr abschließt. Halte die Folie an einer Ecke etwas hoch und betrachte das Motiv im Gegenlicht. Wenn du nicht sicher bist, ob dir an spitzen Ecken die Farbe beim Auftrag über die Kontur läuft, nimm einfach ein spitzes Holzstäbchen und ziehe die Farbe in die Ecke.

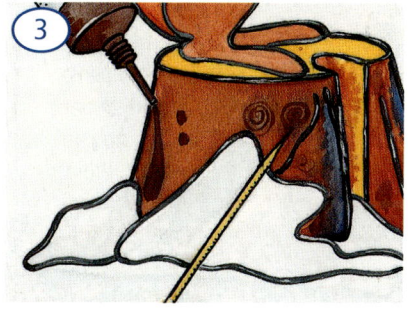

3 Ein Motiv wirkt plastischer, wenn man es an passender Stelle mit einer dunkleren Farbe abschattet. Wenn du einen Schatten Ton in Ton setzen möchtest, trage einen kräftigen Strang etwas dunklere Farbe auf den helleren Farbauftrag auf. Bei einem farblich kontrastierenden Schatten sind zwei bis vier Farbtropfen ausreichend, um eine schöne, dezente Schattierung zu erhalten. Ziehe dann die beiden Farben mit einem Holzstäbchen spiralenartig ineinander. Wenn du alle Flächen eines Motivs ausgemalt hast, lässt du das Bild 24 Stunden trocknen. Danach kann man es leicht von der Folie abziehen und am Fenster oder auf einer anderen glatten Fläche dekorieren.

Es kann vorkommen, dass Farbklümpchen die Maltülle verstopfen. Bei Flaschen mit abnehmbarer Tülle die Tülle abschrauben oder abziehen, ein gut gespitztes, ausreichend langes Holzstäbchen so weit wie möglich in den Trichter stecken und wieder herausziehen. Beim Herausziehen bleibt Farbe haften, und eventuell sind auch die Farbklümpchen dabei. Ansonsten den Vorgang wiederholen. Bei nicht aufschraubbaren Flaschen stichst du mit einer langen, dünnen Nadel in die Tülle und versuchst auf diese Weise, die Öffnung freizubekommen.

Martinsgänse

Am 11. November ist Martinstag. Schmücke für diesen Tag dein Fenster mit dieser lustigen Bildszene, in der fröhlich marschierende Gänse bunte Laternen durch das Stadttor tragen. Den Aufbau der Stadtmauer kannst du selbst bestimmen. Je mehr Mauersteine du malst, desto mehr Gestaltungsmöglichkeiten hast du. Die Vorlagen findest du auf Bogen A.

Material

Konturenfarbe in Bleigrau und Schwarz

Malfarbe in Weiß (gE), Bernstein, Holunder (gE), Strohgelb (gE), Grün und Mohnrot

Klarsichthüllen

Wie wäre es, wenn du auch noch eine Laterne für den Laternenzug oder eine Tischlaterne aus fester Folie bastelst und diese mit dem Gänsemotiv schmückst?

1 Du kannst die Bildszene ganz nach Lust und Laune gestalten. Vielleicht möchtest du sogar eine große Gänseschar malen. Am besten paust du jede Gans mit ein paar Mauersteinen und Schattenkreisen separat auf ein DIN-A4-Blatt Transparentpapier ab. Dann steckst du die Vorlagen in die Klarsichthüllen. Anschließend ziehst du die Konturen in Bleigrau, wie auf Seite 4 beschrieben, und setzt als Pupille einen Tropfen schwarze Konturenfarbe in das Auge. Lasse den Konturenauftrag fünf bis sechs Stunden trocknen.

2 Lege dir dann alle Farben zurecht, die du für dieses Motiv benötigst (siehe Materialliste). Gestalte die Gänse in Weiß, Bernstein und Holunder: Zuerst trägst du entlang der äußeren Augenkontur einen dünnen Strang Bernstein auf und malst damit auch gleich Schnabel und Füße aus.

Setze das Augenweiß ein und male den Körper sowie die Flügel in Weiß aus. Um Schatten anzudeuten, kannst du ein paar holunderfarbene Punkte entlang den Innenkonturen des Körpers aufdrücken. Ziehe dann die Farben mit Hilfe eines Holzstäbchens ineinander.

3 Bestimme die Farbkombination der Laternen selbst. Den Stock füllst du in Holunder aus. Zuletzt malst du noch den Lichtschein der Laterne in Strohgelb aus.

4 Für Mauersteine und Schattenkreise verwendest du ebenfalls Holunder. Durch diesen Farbkontrast erhält jeder Lichtschein später beim Dekorieren optisch eine noch größere Leuchtkraft. Wenn du möchtest, kannst du auch ein paar gelbe Punkte als Lichtreflexe dazugestalten. Den Farbauftrag 24 Stunden trocknen lassen.

Eichhörnchen

Stolz zeigt das Eichhörnchen dem Mond die Vorräte, die es gesammelt hat. Mit diesen riesigen Kiefernzapfen kommt es bestimmt gut durch den bevorstehenden Winter. Als Versteck für die Zapfen dient ein alter Baumstumpf. Male dem Eichhörnchen viele Kiefernzapfen, damit es keinen Hunger leiden muss. Die Vorlagen findest du auf Bogen B.

Material

Konturenfarbe in Schwarz
Malfarbe in Pfirsich (gE), Cognac (gE), Weiß irisierend, Bernstein, Orient-blau (gE), Rehbraun, Strohgelb (gE), Oliv-grün (gE), Saphir (gE) und Crystal (Kristall-klar); DIN-A3-Folie

Den Baum-stumpf kannst du auch in lediglich zwei Brauntönen ge-stalten: Male dazu die Innenflächen des Stam-mes in Bernstein und die Außenflächen in Cognac an. Wenn du möchtest, kannst du auch die Moosflächen als Schneeflächen mit weißer Farbe ausmalen.

1 Falte den Vorlagenbogen so, dass nur die entsprechende Bildszene vor dir liegt. Lege die Folie darüber und fixiere sie. Ziehe die Konturen nach, wie auf Seite 4 beschrieben. Lasse den Konturenauftrag fünf bis sechs Stunden trocknen.

2 Male dann beim Eichhörnchen zuerst die Innenohren und das Auge in Weiß aus. Für den Körper verwendest du Pfirsich. Durch den zusätzlichen Farbauftrag in Cognac kannst du an einzelnen Stellen Schatten setzen. Zuletzt trägst du noch bei den Ohren zwischen den angedeute-ten pinselförmigen Haarbüscheln Crystal-farbe auf.

3 Für die Kiefernzapfen verwendest du Rehbraun und Bernstein (oder Cognac). Beginne mit der helleren Farbe und setze kleine Lichtflächen. Dann malst du die

übrigen Flächen mit der dunkleren Farbe (Rehbraun oder Cognac) aus.

4 Beim Baumstumpf malst du die Schnittfläche und den Baumspalt in Strohgelb aus. Trage in der rechten Baum-hälfte an den hervortretenden Stellen entlang den Konturlinien Lichtreflexe in Orientblau auf und setze Cognacfarbe dagegen. In dieser Farbe malst du auch die linke Baumhälfte aus. Schattiere an einigen Stellen mit Rehbraun ab. Gestalte dann die übrigen Flächen in Weiß, Oliv-grün und Rehbraun, um Schnee, Moos und Waldboden anzudeuten.

5 Male den Mond in Strohgelb und ziehe im Bereich von Nase und Wange Pfirsich ein. Male das Auge in Weiß und die Wol-ken in Orientblau und Saphir aus. Lasse den Farbauftrag 24 Stunden trocknen.

Das Eichhörnchen hat für den Winter vorgesorgt.

Vogelhäuschen

Im Winter Vögel zu beobachten macht großen Spaß. Vielleicht hast du ja auch schon einmal ein richtiges Futterhäuschen aufgestellt. Dann weißt du auch, wie munter es rund um das Häuschen zugeht – genau wie auf diesem Bild. Je mehr Vögel du anfertigst, desto lebendiger wird das Fensterbild. Die Vorlagen findest du auf Bogen B.

Material

Konturenfarbe in Bleigrau und Schwarz

Malfarbe in Weiß (gE), Türkis, Grün, Bernstein, Rehbraun, Moosgrün und Apfelgrün

DIN-A3-Folie und evtl. Klarsichthülle

Du kannst den Baumstamm ganz beliebig verlängern und rechts und links davon noch Tannenbäume dazumalen, die du in anderen Bildszenen in diesem Buch findest.

1 Am besten paust du das Häuschen auf Transparentpapier ab. So kannst du bei Bedarf den Baumstamm zusätzlich verlängern. Die Vögel paust du ebenfalls ab, um sie seitenrichtig und seitenverkehrt auf Folie übertragen zu können. Fixiere dann zuerst die Vogelhausvorlage unter der DIN-A3-Folie und ziehe die Konturen nach, wie auf Seite 4 beschrieben. Anschließend malst du die Vögel. Dazu musst du die Vorlage immer wieder verschieben und wenden. Du kannst die Vögel auch auf eine Klarsichthülle übertragen. Zuletzt setzt du die Punktaugen der Vögel mit schwarzer Konturenfarbe auf. Lasse den Konturenauftrag fünf bis sechs Stunden trocknen.

2 Als Nächstes malst du das Vogelhäuschen folgendermaßen an: die Schneefläche in Weiß, das Dach sowie Fenster und Torbogentiefe in Türkis, die Außenwände in Grün, die Innenwände in Bernstein, den Plattenboden in Apfelgrün und die Plattenstärke in Moosgrün.

3 Um beim Baumstamm Moosbewuchs anzudeuten, trägst du an einer beliebigen Stelle etwas von der moosgrünen Farbe auf. Dann kannst du die übrigen Flächen mit Rehbraun und Bernstein ausmalen, wie du es in der Abbildung siehst.

4 Für die Vögel legst du dir nun Weiß und alle Grüntöne zurecht. Male die Vögel nach Belieben oder wie du es auf der Abbildung sehen kannst aus. Beginne dabei immer am Kopf mit der weißen Farbe.

5 Lasse die Farben über Nacht trocknen. Dann kannst du mit Konturenfarbe Körner auf der Bodenplatte aufsetzen.

Schneemann und Tannenbaum

Kein Sonnenstrahl kann diesem Schneemann etwas anhaben: Mit Hut, Schal und Stock versehen ziert er dein Fenster. Der verschneite Tannenbaum im Hintergrund sorgt für die richtige Winterstimmung. Du kannst diese Bildmotive hervorragend mit der Schneeballschlacht der Schneehasen von Seite 16 kombinieren. Die Vorlagen findest du auf Bogen A.

von Seite 16 kombinieren. Die Vorlagen findest du auf Bogen A.

1 Zuerst ziehst du die Konturen der Motive nach, wie auf Seite 4 beschrieben. Lasse dann den Konturenauftrag fünf bis sechs Stunden trocknen.

2 Dann malst du den Schneemann wie folgt an: Den Zylinder in Schwarz, den Hutdeckel in Grau, das Hutband in Türkis; die Nase in Mohnrot sowie Augen und Knöpfe in Schwarz. Danach Kopf, Körper, Schneeflächen und Schneebälle in Glitzer-Orchidee ausmalen. Schattiere den Körper ab, indem du etwas Türkis in die weiße Farbe ziehst. Male anschließend noch den Stock in Bernstein aus und setze ein paar türkise Farbtupfer als Moosbewuchs hinein. Das Streifenmuster des Schals beginnst du unterhalb der Kopfmitte, exakt im rechten Winkel zu den Konturlinien. Verwende abwechselnd Türkis und Mohnrot und setze die Farbstränge dicht aneinander. Die Schalenden malst du von rechts nach links im Streifenmuster aus.

3 Beim Ausmalen des Tannenbaums beginnst du an der Spitze: Als Schneeauflage zuerst Schneeweiß bis knapp zur Kontur hin auftragen. Dann zusätzlich Glitzer-Orchidee darüber legen. Den doppelten Farbauftrag mit einem Holzstäbchen gut vermischen und zuletzt mit der Spitze flächendeckend zur Kontur hin schieben. Die nächste Fläche dann in Grün ausmalen, um die Zweige anzudeuten. Male den Baum weiter abwechselnd in Schnee- und Grünflächen aus. Anschließend den Stamm in Rehbraun ausmalen. Trage dann bei den untersten Schneeflächen zuerst an verschiedenen Stellen etwas Braun und Grün auf und setze anschließend Schneeweiß und Glitzer-Orchidee dagegen.

Material

Konturenfarbe in Bleigrau

Malfarbe in Schwarz, Grau, Glitzer-Orchidee, Türkis, Bernstein, Mohnrot, Schneeweiß, Grün und Rehbraun

Klarsichthüllen

Du kannst anstelle von Glitzer-Orchidee auch Schneeweiß oder Weiß mit glattem Effekt verwenden. Den orangefarbenen Ton beim Tannenbaum erhält man, indem man braune direkt gegen weiße Farbe setzt; das Braun läuft aus und beim Übergang entsteht ein Orangeton.

Nikolaus und Liddi

Im Dezember, wenn große Schneeflocken vom Himmel fallen, hat Nikolaus alle Hände voll zu tun. Er bringt nicht nur braven Kindern Geschenke, er geht auch durch tiefen Schnee in den Wald und schmückt den jungen Hirsch Liddi mit glitzernden Glöckchen und Schleifenband. Die Vorlagen für die beiden findest du auf Bogen B.

Material

Konturenfarbe in Bleigrau und Schwarz
Malfarbe in Weiß (gE), Schneeweiß, Weiß irisierend, Siena (gE), Bernstein, Schwarz, Glitzer-Diamantblau, Glitzer-Grün, Glitzer-Violett, Erdbeer (gE) und Crystal (Kristallklar); evtl. Hautfarbe
DIN-A3-Folie und evtl. Klarsichthülle

Wenn du möchtest, kannst du zu Nikolaus und Liddi noch ein paar Geschenkpäckchen malen. Zeichne als Vorlage einfach unterschiedlich große Rechtecke auf Papier und verziere sie mit einer einfachen Schleife.

1 Zuerst ziehst du die Konturen nach, wie auf Seite 4 beschrieben. Achte darauf, dass du die Pupillen mit schwarzer Konturenfarbe aufträgst. Für die Schneeflocken kannst du auf einem DIN-A4-Blatt Kreise vorzeichnen. Dann steckst du das Blatt in eine Klarsichthülle und ziehst die Konturen nach. Lasse den Konturenauftrag fünf bis sechs Stunden trocknen.

2 Wenn du den Hirsch ausmalst, beginnst du beim Geweih und malst es in Bernstein aus. Dann trägst du die gleiche Farbe entlang dem Innenohr auf und setzt Weiß dagegen. Male dann ebenfalls mit Weiß das Auge aus, und trage eine weiße Farbfläche entlang von Schnauze, Brust, Bauch und Schwanzende auf. Setze jeweils Siena dagegen und fülle damit auch die übrigen Flächen aus. Danach die Nase in Schwarz ausmalen. Zuletzt malst

du die Glöckchen und das Schleifenband in den Glitzerfarben aus; die Klöppel der Glocken kannst du in Bernstein anmalen.

3 Gestalte den Nikolaus in Rot (Erdbeer) und Weiß (Schneeweiß). Für das Gesicht kannst du einen Hautton oder Bernstein verwenden. Male den Mund ebenfalls in Erdbeer aus und setze damit auch einen Farbtupfer auf die Nase. Stiefel und Gürtel malst du in Schwarz aus. Um das Bild beim Ablösen von der Folie in Form zu erhalten, trägst du zwischen Nikolaus und Liddi, zwischen den Geweihenden und zwischen den Beinen des Hirschs die Farbe Crystal auf.

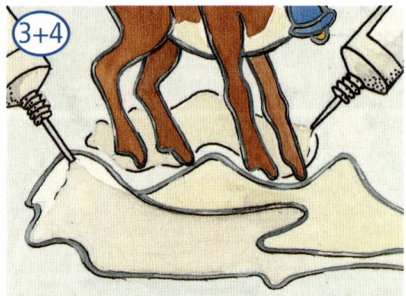

4 Zum Schluss malst du die Schneeflächen und die Schneeflocken in Weiß und Weiß irisierend aus. Lasse den Farbauftrag 24 Stunden trocknen.

Schneehasentreffen

Die Schneeballschlacht macht den Schneehasenkindern großen Spaß. Mama Hase sorgt mit ihrer Mohrrübe für das leibliche Wohl. Der sitzende kleine Hase vom Titelbild, Klein-Bunny, gehört übrigens auch zu dieser Bildszene. Du kannst mit den Hasen immer wieder eine neue Bildszene gestalten. Die Vorlagen findest du auf Bogen B.

Material

Konturenfarbe in Bleigrau

Malfarbe in Schneeweiß, Schwarz, Glitzer-Orchidee, Koralle, Pastellblau, Grün und Mohnrot

Klarsichthüllen

Lasse möglichst viele Schneehasen am Fenster herumtoben. Vielleicht malst du noch den Schneemann von den Seiten 12/13 dazu. Dann hast du eine riesengroße Bildszene, die jeden Betrachter zum Schmunzeln bringt.

1 Am besten paust du jedes Motiv auf Transparentpapier ab. So kannst du die Vorlagen ganz nach Belieben seitenrichtig und seitenverkehrt auf die Malfolie übertragen. Ziehe die Konturen nach, wie auf Seite 4 beschrieben. Lasse den Konturenauftrag fünf bis sechs Stunden trocknen.

2 Anschließend malst du jeden Hasen bis auf das Näschen und das offene Maul in Schneeweiß an. Dann trägst du an folgenden Stellen Pastellblau auf: entlang der Innenohrkontur, hinter dem Auge, am Halsansatz sowie entlang von Brust, Bauch und Armen. Ziehe die Farben mit dem Holzstäbchen gut ineinander. Danach malst du die Pupille und das Näschen in Schwarz und das offene Maul in Koralle aus. Wer will, kann auch etwas Koralle im Wangenbereich auftragen und bei Klein-Bunny die Nase rot ausmalen.

3 Danach malst du Schneefläche und Schneebälle in Glitzer-Orchidee aus. Trage auch an den Bewegungslinien der Schneebälle entlang jeweils einen Farbstrang in Glitzer-Orchidee auf.

4 Die Riesenmohrrübe von Mama Hase malst du in Mohnrot an und gibst den Blättern einen grünen Farbton. Für die Tannenbäumchen kannst du wechselweise Glitzer-Orchidee und Schneeweiß verwenden. Male jede Fläche in einer anderen Farbe an. Lasse den Farbauftrag 24 Stunden trocknen.
Und hier noch ein paar Anregungen: Du kannst noch andere Tiere dazu malen und eine richtige kleine Bildszene gestalten (siehe dazu auch Seite 30 und 31) oder die Hasen im Frühjahr als Osterhasen neu malen. Passe dazu die Farben entsprechend den Jahreszeiten an.

Pinguine

In klirrender Kälte toben die beiden Pinguine fröhlich auf einem Eisberg herum. Es ist ja auch zu schön, den eisigen Abhang herunterzurutschen und sich ins Wasser fallen zu lassen. Und da es in der Antarktis am Südpol, wo die Pinguine leben, eiskalt ist, malst du zu dem lustigen Bild viele Eiskristalle. Die Vorlagen findest du auf Bogen A.

Material

Konturenfarbe in Schwarz und Weiß

Malfarbe in Schneeweiß, Schwarz, Sonnengelb, Bernstein, Glitzer-Orchidee, Frost, Diamantblau und Royalblau

DIN-A3-Folie

Für ein Pinguin-Mobile verwendest du Windradfolie. Male zusätzlich noch zwei oder drei Pinguine und etwas größere Eiskristalle. Schneide die Formen aus, und hänge die kleinen Motivteile entlang der Unterkante des großen Motivs auf.

1 Ziehe die Konturen des Motivs in Schwarz und die Eiskristalle in Weiß nach, wie auf Seite 4 beschrieben. Für die Eiskristalle musst du die Vorlage immer wieder verschieben, um möglichst viele Formen auf der Folie unterzubringen. Lasse den Konturenauftrag fünf bis sechs Stunden trocknen.

2 Mit Bernstein malst du bei jedem Pinguin den Schnabel aus und ziehst damit eine Linie um die Fußkonturen. Als Nächstes setzt du oberhalb des Auges einen kurzen Strang Sonnengelb und trägst diese Farbe auch gleich im Halsbereich auf. Für den Kopf verwendest du Schwarz, für Brust, Bauch, Flügel und Auge Schneeweiß. Beim rechten Pinguin trägst du entlang der rechten Kontur des scharzen Fracks Royalblau auf. Mit Schwarz malst du noch die übrigen Flächen aus.

3 Beim Ausmalen des Eisbergs kannst du die Farben Glitzer-Orchidee und Frost immer abwechselnd einsetzen. Um den Bewegungsablauf des rutschenden Pinguins hervorzuheben, ziehst du in diesem Bereich der Eisscholle etwas Royalblau ein. Beim Ausmalen der Eisschollenkante trägst du zuerst oben entlang der Kante Royalblau auf und setzt Diamantblau dagegen. Anschließend ziehst du das dunklere Blau so in das hellere, dass du innerhalb der Kante Wellenlinien erhältst. Bei den Wassertropfen beginnst du mit einem Tropfen Frost und setzt dann die beiden Blautöne dagegen.

4 Zuletzt ergänzt du noch die Eiskristalle mit der Farbe Frost. Du kannst die Farbe in Form eines Kreises oder als Stern aufbringen. Lasse den Farbauftrag 24 Stunden trocknen.

Wildfütterung

Auch die Tiere im Wald bekommen zu Weihnachten manchmal Geschenke. Hier hat sich ein Engel um das kleine Reh gekümmert und ihm auf einem Schlitten ein großes Paket mit Heu gebracht. Bei diesem Futtervorrat macht es dem Reh nichts aus, dass es schneit und die Schneedecke immer dicker wird. Die Vorlagen findest du auf Bogen B.

Material

Konturenfarbe in Bleigrau und Schwarz

Malfarbe in Weiß (gE), Siena (gE), Cognac (gE), Bernstein, Erdbeer (gE), Magenta, Grün, Maigrün, Olivgrün, Strohgelb, Diamantblau und Royalblau

DIN-A4-Folie und Klarsichthülle

Mit der Rehvorlage kannst du auch ein ganzes Rudel von Rehen anfertigen. Male außerdem noch Tannenbäume dazu, und schon hast du nach den Feiertagen eine völlig neue Bildszene.

1 Zuerst faltest du den Vorlagenbogen so, dass nur die Motive Reh und Schlitten vor dir liegen. Dann fixierst du darüber die Folie. Pause den Engel auf ein DIN-A4-Transparentpapier ab und stecke es in die Hülle. Ziehe die Konturen nach, wie auf Seite 4 beschrieben. Lasse den Konturenauftrag fünf bis sechs Stunden trocknen.

2 Beim Reh malst du zuerst das Auge und das Innenohr in Weiß aus. Für die Fellzeichnung am Rücken kannst du Bernstein verwenden. Setze dann gleich Siena dagegen und ergänze damit auch die übrige Fläche. Danach malst du das vordere und hintere linke Bein sowie das linke Ohr in Cognac an. Beim Schwanz trägst du zuerst Weiß auf und setzt Siena dagegen.

3 Bei den Heubüscheln trägst du Strohgelb auf und malst darüber gerade Linien in Olivgrün. Anschließend gestaltest du das Schleifenband in Royalblau und Diamantblau. Beim Karton malst du die Innenflächen in Erdbeer, die Außenflächen in Magenta an. Für die Zweige verwendest du zwei kontrastierende Grüntöne. Als Nächstes füllst du den Schlitten in Siena und Cognac aus. Dabei malst du auch gleich eine beliebig große Schneefläche in Weiß dazu. Pfennigstückgroße Farbkreise in Weiß stellen die Schneeflocken dar.

4 Zum Schluss malst du den Engel aus: das Kleid abwechselnd in Maigrün und Grün, die Flügel in Weiß, Gesicht, Hände und Füße in Bernstein, die Haare in Cognac und das Band in Royalblau. Male beim Engel noch drei Bewegungslinien in Grün dazu. Zum Schluss lässt du den Farbauftrag 24 Stunden trocknen.

Glockenläuten

»Süßer die Glocken nie klingen ...« Nun ist es wieder so weit: Schwungvoll läutet das Engelchen, umgeben von vielen Sternen, die in bunten Farben leuchten, an der Himmelsglocke die Weihnachtszeit ein. Besonders festlich wird dieses Fensterbild, wenn du als Konturenfarbe Flitter-Gold verwendest. Die Vorlagen findest du auf Bogen A.

Material

Konturenfarbe in Flitter-Gold

Malfarbe in Orient-blau (gE), Saphir (gE), Meergrün (gE), Strohgelb (gE), Weiß irisierend, Apfelgrün (gE), Crystal (Kristallklar) und Hautfarbe (gE)

Klarsichthüllen

Für Grußkarten mehrere Sterne auf Folie malen. Dann schneidest du grüne oder blaue Windradfolie in DIN-A6-große Rechtecke (10,5 x 14,8 cm) zu. Klebe auf jedes Rechteck einen Stern, und schreibe mit einem Folien-Leuchtstift Weihnachtsgrüße darunter.

1 Am besten paust du das Glocken- und Engelmotiv sowie mehrere Sterne auf jeweils ein DIN-A4-Blatt Transparentpapier ab. Dann steckst du jede Vorlage in eine Klarsichthülle und ziehst die Konturen nach, wie auf Seite 4 beschrieben. Den Konturenauftrag lässt du fünf bis sechs Stunden trocknen.

2 Dann malst du das Glocken- und Engelmotiv wie folgt an: die Zweige in Meergrün, die Außenwand der Glocke und den Klöppel in Strohgelb. Die Innenwand der Glocke gestaltest du in Weiß irisierend. Anschließend malst du beim Schleifenband die Außenseite in Saphir und die Innenseite in Orientblau aus; du kannst das Band auch in umgekehrter Folge ausmalen. Als Nächstes ergänzt du noch den Zwischenraum der linken Schlinge in der Farbe Crystal.

3 Die Flügel des Engelchens malst du weiß irisierend, das Kleid in Apfelgrün und die Haare in Strohgelb aus. Für Gesicht, Hände und Beine trägst du die Hautfarbe auf.

4 Zum Schluss siehst du dir in der Abbildung die verschiedenen Farbkombinationen der Sterne an. Dann gestaltest du die Sterne wie auf dem Bild oder in umgekehrter Farbstellung. Dazu verwendest du folgende Farben: Orientblau, Saphir, Meergrün und Apfelgrün. Durch diese Farbgebung bleiben die Glocke und das Engelchen mit ihren leuchtenden Farben Mittelpunkt der Bildszene. Um die Strahlen der Sterne zu stabilisieren und damit du sie später leichter von der Folie lösen kannst, trägst du noch kreisförmig die Farbe Crystal auf. Lasse den Farbauftrag 24 Stunden trocknen.

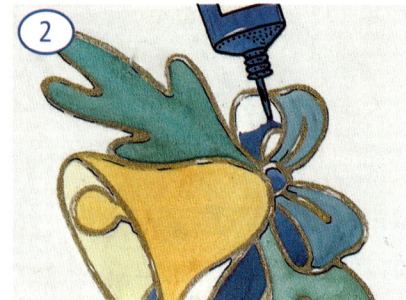

Christbaum

Wie aus dem Bilderbuch erstrahlt dieser Christbaum in festlichem Glanz. Mit Lebkuchenherzen, Hefeteigfiguren, Plätzchen, Kerzen, Silberperlen, Steckenpferdchen und verschieden großen Christbaumkugeln kannst du den Tannenbaum während der Adventszeit nach Lust und Laune schmücken. Die Vorlagen findest du auf Bogen A.

Material

Konturenfarbe in Bleigrau und Schwarz

Malfarbe in Grün, Maigrün, Siena (gE), Rehbraun, Weiß (gE), Schwarz, Bernstein, Goldgelb, Sonnengelb, Royalblau, Erdbeere (eG), Violett und Glitzer-Silber

DIN-A3-Folie und Klarsichthüllen

Wer will, kann dieses Motiv auch als Adventskalender anfertigen. So kann man bis Heiligabend jeden Tag zwei oder drei Motive zum Baum dazugestalten.

1 Zuerst faltest du den Vorlagenbogen so, dass nur das Tannenbaummotiv vor dir liegt. Lege die Folie darüber und fixiere sie. Dann ziehst du die Konturen in Bleigrau nach, wie auf Seite 4 beschrieben. Die Schmuckmotive paust du auf ein DIN-A4-Blatt Transparentpapier ab. Um möglichst viele Konturen auf die Klarsichthüllen zu bringen, versetzt du die Vorlage immer wieder. Auf der Vorlage schwarz ausgemalte Bereiche, wie Pupillen oder Knöpfe, mit schwarzer Konturenfarbe aufsetzen. Lasse den Konturenauftrag fünf bis sechs Stunden trocknen.

2 Beim Baum malst du den stufigen Zweigaufbau abwechselnd in Grün und Maigrün aus. Beim Stamm trägst du zuerst Siena auf und schattierst mit Rehbraun ab. Für die Decke verwendest du Glitzer-Silber.

3 Bei den Schmuckmotiven malst du die sternförmigen Plätzchen in Goldgelb und Weiß aus. Dann gestaltest du die Hefeteigfiguren in Goldgelb und Siena, die Lebkuchenherzen in Rehbraun und Weiß. Für die Christbaumkugeln verwendest du Glitzer-Silber und zusätzlich Erdbeer, Royalblau oder Violett. In Glitzer-Silber kannst du auch die kurzen Perlenschnüre gestalten. Bei den Steckenpferdchen malst du den Kopf in Weiß aus, die Mähne in Schwarz, den Stecken in Bernstein. Das Halfter in den Farben Erdbeer, Royalblau, Grün oder Sonnengelb ausmalen. Zuletzt gestaltest du die Kerzen in Royalblau oder Violett; um den Docht herum gibst du Weiß und setzt Bernstein dagegen. Für den Lichtkreis verwendest du Sonnengelb. Lasse den Farbauftrag bei jedem Motiv 24 Stunden trocknen.

Silvesterfeuerwerk

Wie wäre es zum Beispiel mit diesem großartigen Fensterschmuck? Das neue Jahr muss man an Silvester mit einem bunten Feuerwerk so richtig begrüßen. Du kannst die Sterne ja schon ein paar Tage zuvor an der Fensterscheibe dekorieren. Je mehr Sterne das Fenster zieren, desto farbenprächtiger wird dein Fenster. Die Vorlagen findest du auf Bogen A.

Material

Konturenfarbe in Schwarz

Malfarbe z. B. in Holunder (gE), Apfelgrün (gE), Brombeer (gE), Saphir (gE), Strohgelb (gE)

Klarsichthüllen

Diese bunten Sterne kannst du auch zum Kindergeburtstag oder an Fasching dekorieren. Auch ein farbenfrohes Mobile lässt sich leicht damit anfertigen.

1 Am besten paust du zuerst einmal die Außenkontur der Sternvorlage auf ein DIN-A4-Blatt Transparentpapier ab. Dann legst du ein zweites Transparentpapier darüber und zeichnest nur die Innenlinien der Sternvorlage ab. Auf diese Weise kannst du später die beiden Vorlagen kombinieren und Sterne mit verschiedenen Innenlinien zeichnen. Schau dir das Foto und die Abbildung ③ genau an und versuche noch weitere Musterkombinationen für die Sterne zu finden. Zeichne auch die Kreise und Dreiecke an die Sterne, die deuten die Silvesterraketen an.

2 Als Nächstes steckst du die Transparentpapierblätter in die Klarsichthüllen und ziehst die Konturen mit schwarzer Farbe nach, wie auf Seite 4 beschrieben. Dann lässt du den Konturenauftrag fünf bis sechs Stunden trocknen.

3 Nun kannst du ans Ausmalen gehen: Fülle die einzelnen Flächen der Sterne ganz nach Belieben aus. Wenn du möchtest, kannst du dich dabei natürlich an der Abbildung orientieren. Vergiss nicht, die Dreiecke und Kreise auszumalen. Am besten verwendest du dafür die Farben, die du auch bei den Sternen eingesetzt hast. Vielleicht achtest du auch darauf, dass kein Stern dem anderen gleicht. So erhältst du eine knallige, farbenfrohe Fensterdekoration, die jeder Betrachter bestaunen wird. Den Farbauftrag musst du 24 Stunden trocknen lassen, bevor du die Motive von der Folie nimmst.

Und hier noch eine zusätzliche Anregung: Du kannst mit dieser Sternvorlage auch strahlende Adventssterne machen. Dazu wählst du eine Farbkombination aus Gold-, Silber-, Weiß- und Blautönen.

Masken

Diese dekorativen Masken sind während der Faschingszeit der richtige Schmuck für dein Fenster. Die hübschen Faschingsmasken sind einfach zu malen, aber dennoch sehr wirkungsvoll. Die kontrastierenden Farben, die bei der Gestaltung zum Einsatz kommen, bringen die Positiv-Negativ-Wirkung voll zur Geltung. Die Vorlagen findest du auf Bogen A.

Material
Konturenfarbe in Schwarz

Malfarbe in Schwarz und hellen Farbtönen

Klarsichthüllen

Mit diesem Maskenmotiv kannst du eine tolle Fenstergirlande anfertigen. Klebe mehrere Masken nebeneinander und dekoriere die Punkte dazwischen, ähnlich einer durchhängenden Perlenschnur.

1 Am besten paust du das Motiv auf ein DIN-A4-Blatt Transparentpapier ab. So kannst du die Vorlage ganz nach Belieben seitenrichtig und seitenverkehrt auf Folie übertragen. Dann zeichnest du noch die Kreise für das Konfetti mit Hilfe eines Fünf- oder Zehnpfennigstücks dazu. Als Nächstes steckst du die Vorlage in eine Klarsichthülle und ziehst die Konturen nach, wie auf Seite 4 beschrieben. Den Konturenauftrag lässt du fünf bis sechs Stunden trocknen.

2 Dann trägst du auf die linke Maskenhälfte in den voneinander abgetrennten Flächen abwechselnd schwarze Farbe und einen hellen Farbton auf. Schau dir dazu die Abbildung nochmals genau an und probiere eventuell vorher die Farbgebung und die Verteilung der Farbfelder auf einem Blatt Papier aus.

3 Auf der rechten Maskenhälfte trägst du die Farben gegengleich zur linken Maskenhälfte auf. Das Schleifenband an der Seite der Maske malst du ebenfalls abwechselnd in den beiden Farben aus.

4 Zuletzt malst du noch die Kreise für das Konfetti aus. Den Farbauftrag lässt du 24 Stunden trocknen.

Und hier noch eine kleine Anregung: Du kannst aus diesem Motiv auch eine tolle Stabmaske machen. Male die Konturen auf Windradfolie auf, und deute durch eine zusätzliche Linie an den unteren Augenwinkeln die Pupille an. Male die Maske an, lasse jedoch die Pupillen als Sichtfelder frei. Schneide dann die Maske aus und befestige sie mit Nadel und Faden durch Schlingstiche an einem 50 cm langen Rundholz.

Wie du auf diesem Bild siehst, können die einzelnen Motive auch untereinander verschieden zusammengestellt werden. So erhältst du immer wieder eine völlig neue Bildszene. Du kannst zum Beispiel das Eichhörnchen mit dem Schneemann plaudern lassen. Nikolaus, Liddi und die Vögel vom Vogelhäuschen könnten dem fröhlichen Treiben der Schneehasen oder der Wildfütterung zusehen. Sogar die Martinsgänse lassen sich in eine abenteuerliche Bildszene umgestalten: Sie könnten sich verlaufen haben und watscheln daher munter auf die fröhlichen Pinguine zu, über denen Sterne in bunten Farben zu sehen sind. Es gibt unendlich viele Möglichkeiten, die einzelnen Motive zu einem neuen Bild zu gestalten. Sieh dir die Bilder in diesem Buch an, überlege dir eine schöne Geschichte und gestalte dazu die entsprechende Bildszene in bunten Farben.

Zauberhafte Bildszenen

Über die Autorin

Bettina Hansen arbeitet seit 1989 als freie Redakteurin, Grafikerin und Autorin für renommierte Buch- und Zeitschriftenverlage. Im Vordergrund ihrer zahlreichen Veröffentlichungen steht das Basteln, Werken und Gestalten mit verschiedenen Materialien. Ihre Bücher richten sich sowohl an Kinder als auch an Erwachsene.

Bildnachweis

Claudia Rehm und Achim Sass, Stockdorf/München

Illustrationen

Alle Illustrationen stammen von Anke Wätjen.

Hinweis

Das vorliegende Buch ist sorgfältig erarbeitet worden. Dennoch erfolgen alle Angaben ohne Gewähr. Weder Autorin noch Verlag können für eventuelle Fehler oder Schäden, die aus den im Buch gegebenen praktischen Hinweisen resultieren, eine Haftung übernehmen.

Impressum

© 2000 Südwest Verlag, München, in der Econ Ullstein List Verlag GmbH & Co. KG, München
2. Auflage 2000

Alle Rechte vorbehalten. Nachdruck – auch auszugsweise – nur mit Genehmigung des Verlags.

Redaktion
Lena Wellnhofer

Projektleitung
Sylvia Wohofsky

Redaktionsleitung
Nina Andres

Bildredaktion
Tanja Nerger

Umschlag und Layout
Manuela Hutschenreiter

DTP/Satz
Mihriye Yücel

Produktion
Manfred Metzger (Leitung), Annette Aatz

Druck
Peschke Druck, München

Bindung
R. Oldenbourg, München

Printed in Germany

Gedruckt auf chlor- und säurearmem Papier

ISBN 3-517-06269-3